EMANUELE M. BARBONI DALLA COSTA

Scrivere per il Web - Farsi Leggere nell'Oceano di Internet

Contents

L'autore

Mi chiamo Emanuele Barboni Dalla Costa (Milano, 1981) e sono un formatore professionista di Comunicazione Efficace ed Emozionale, Storytelling e Scrittura Creativa.

Vivo a Milano in compagnia di una gattina persiana davvero adorabile: Cleopatra. Il mio obiettivo è quello di aiutare clienti e studenti a trasformare il modo in cui comunicano nel mondo.

Dal 2009 tengo regolarmente corsi in aula e online dedicati alla comunicazione efficace, alla scrittura creativa e allo storytelling.

Eccomi in aula con i miei studenti

Concentrarsi sulla comunicazione per me significa migliorare il dialogo che abbiamo con noi stessi e con gli altri.

Nella mia carriera ho aiutato più di 1.000 studenti in aula e oltre 5.000 online (grazie ai miei video corsi) a comunicare meglio nel business, nelle relazioni e nel dialogo con il mondo.

Puoi ottenere ulteriori informazioni su https://www.emozionare.net e nell'ultimo capitolo di questo libro (dove troverai anche una piccola sorpresa a te riservata).

Ti auguro una buona lettura!

Emanuele

1

Introduzione

"Come si trovano le parole giuste?".

Questa è **LA domanda** che qualsiasi scrittore dovrebbe porsi prima di sedersi al pc e mettere mano alla tastiera.

*A seconda di quello che è il nostro **pubblico** dovremo andare ad adattare lo **stile di scrittura** e a seconda di quello che è il nostro **obiettivo** dovremo, invece, andare ad adattare il nostro **modo di scrivere**.*

Ricordate: si possono avere alcune difficoltà nel momento in cui si scrive qualcosa che verrà potenzialmente letto da una moltitudine di persone.

Me ne sono accorto personalmente, gestendo da oltre 5 anni una pagina Facebook da oltre 200.000 follower legata ad un mio progetto satirico (Dinosauri Onesti).

Prima di pubblicare faccio un bel respiro e controllo almeno tre volte il contenuto del post. Sì, perché quando scriviamo online difficilmente ci immaginiamo che il testo venga fisicamente letto da qualcuno. Eppure è così: i post divertenti che pubblico hanno un bacino d'utenza che corrisponde al numero di spettatori dello stadio di San Siro ad un concerto di Vasco Rossi o a una sfida Inter-Juventus. Moltiplicato per tre!

Per iniziare, teniamo conto che gli **elementi base di una buona scrittura** restano invariati.

Si devono scegliere le parole giuste e un lessico adatto a quello che è l'obiettivo comunicativo, che si deve **predeterminare** ancora prima di iniziare a scrivere.

Inoltre, utilizzare una **grammatica** corretta è sicuramente una delle caratteristiche più importanti da tenere a mente quando si scrive.

Molto importante è anche la **punteggiatura**, che mi sono accorto essere uno dei problemi più gravi per coloro che vogliono iniziare a scrivere.

Prima di iniziare a pensare di scrivere per lavoro studiate molto bene quando mettere un punto, quando mettere una virgola, come inserire una citazione o un virgolettato, come usare un punto e virgola.

INTRODUZIONE

Lo so, sono le basi, ma tutto ciò non è poi così scontato.

Per concludere l'elenco delle **nozioni imprescindibili** che ogni web copywriter dovrebbe avere, chiaramente, metterei l'accento su quello che riguarda la **sintassi**, ossia la capacità di elaborare gli elementi e metterli in una successione che porti al maggiore e migliore effetto possibile.

Questo libro è dedicato a tutti coloro che vogliono approcciarsi alla scrittura per il web.

Andremo ad imparare come **strutturare un testo**, quali sono le **differenze tra la scrittura tradizionale e quella online** e molte **tecniche** per rendere più efficaci i nostri articoli.

Buona lettura

2

Le sfide della scrittura online

Soglia di attenzione

La cosa più importante che un web copywriter dovrebbe tenere a mente è la **soglia di attenzione del proprio pubblico**.

Quando leggiamo un libro, un e-book sul nostro tablet o un articolo cartaceo di norma siamo completamente **isolati**. Se invece stiamo spizzicando un articolo su uno smartphone, che è piccolino e non ha la grandezza del libro, e magari siamo in metropolitana o stiamo passeggiando, ci accorgeremo ben presto che la soglia di attenzione è assolutamente bassa.

Il contesto della lettura tradizionale è **tranquillo e rilassato**, mentre quello della lettura online è **frenetico**.

La parola chiave è distrazione

Dipende anche dal dispositivo sul quale leggiamo: il **libro tradizionale** è un qualcosa di fisico che teniamo in mano ed è tanto grande da meritare la nostra completa attenzione. Sul web le cose cambiano, e parecchio.

Ci si deve dunque chiedere **cosa cercano gli utenti online** grazie alla lettura, che nonostante la diffusione di social network *image and video based* (Instagram, TikTok, Youtube) mantiene un ruolo di assoluto prestigio nella fruizione di contenuti multimediali via Internet.

> *Gli utenti web cercano una **gratificazione immediata**: nessuna attesa, nessuna fatica, basta un click per entrare in un mondo completamente nuovo ricco di informazioni.*

Cannibali alla ricerca di informazioni

Eccolo il motto degli utenti online: **"dammi tutto subito, dammelo nelle prime righe"**.

Per cui, ricordiamoci che una delle caratteristiche della scrittura online è **l'immediatezza**.

Per farci leggere online dobbiamo imparare l'antica arte della **sintesi**, inserire le informazioni principali nelle **prime righe** e fare un grande lavoro su quello che è l'*headline*, il titolo.

Non esistono più veri e propri **lettori** quando parliamo di lettura online. Possiamo definirli più che altro di **utenti,** perché cambia radicalmente il modo di leggere e di digerire informazioni.

Citando il più grande esperto di usabilità per il web, Jakob Nielsen:

> *"Gli utenti non leggono più, bensì sfruttano una lettura di tipo esplorativo".*

Facciamoci un attimo caso.

Quando *esploriamo* online leggiamo due righe di un articolo, clicchiamo un link e leggiamo altre tre righe, poi guardiamo una foto, torniamo su Facebook, leggiamo un post ecc.

Proprio per questo possiamo definirla una **lettura esplorativa**.

Gli utenti sono abituati all'immediatezza

Ed è qui che entra in gioco la **scrittura SEO**, ossia tutte quelle tecniche che servono a posizionare sui motori di ricerca i nostri articoli, i nostri testi, per fare in modo che gli utenti trovino in essi una risposta pertinente alla loro domanda.

Perché è proprio questo quello che cercano gli utenti: **risposte**.

Risposte veloci, pertinenti e sintetiche

Basta immaginare una qualsiasi ricerca, che possiamo effettuare su un qualsiasi motore come ad esempio Google, per renderci conto che **non abbiamo tempo da perdere** e andiamo a cliccare sul risultato più immediato e più coerente in relazione alla nostra domanda.

Fattore schermo

Per capire quanto sia complesso leggere testi online dobbiamo inoltre considerare il *"fattore schermo"*.

L'abbiamo appena detto, la lettura su schermo è una lettura più difficoltosa, un po' più arcigna, è tutto più piccolo e confuso.

> *Ci sono link ipertestuali, per cui l'utente va a "saltellare" da una pagina web all'altra (che poi è proprio la base della ipertestualità). Non si parla più di lettura verticale dall'inizio alla fine, ma di una lettura di tipo* proteiforme, *per cui la nostra esperienza online è basata su una* **ramificazione**.

Pensate all'esempio di **Wikipedia**: voi andate su una pagina di Wikipedia, dopodiché ogni parola chiave riporta ad un'ulteriore voce, per cui magari non finite neanche di leggere il testo completo ma saltate da una pagina all'altra per andare ad approfondire.

Lettura esplorativa

*Per farla breve possiamo dire che **l'80%, se non quasi il 100%, degli utenti online non va oltre il primo paragrafo.***

Dico 80% perché magari il primo paragrafo è un po' lungo, ma se è piuttosto breve fondamentalmente tutti lo leggono.

Dopodiché, il secondo paragrafo sicuramente lo leggerà una percentuale minore, il 70-60%, e così via: **pochi arrivano alla fine**.

*Per cui dovete o dovreste tenere in considerazione questo fattore e cercare di **posizionare nel primo paragrafo tutte le informazioni cruciali** che possano poi fare da leva per far continuare la lettura.*

Agganci concettuali e visivi

Nella scrittura online dobbiamo sostanzialmente mettere degli **agganci concettuali e visivi per guidare (e mantenere) il lettore**, mentre nella scrittura tradizionale non c'è questo problema: se io scrivo un romanzo non devo mettere tutto nel primo paragrafo!

Quando si scrive un articolo di un blog, ad esempio, è importante catturare l'attenzione dell'utente con il titolo e con il primo paragrafo. Perché è quello che desidera: **capire nel minor tempo possibile se quel contenuto fa per lui.**

Man mano che si *va giù con la lettura* (eh si, perché è questa la modalità di lettura *"scrollante"* su smartphone) sempre più persone **abbandoneranno**, per cui dobbiamo cercare di **inserire tutte le informazioni cruciali nella parte superiore del testo.**

Chiaramente è importante anche lavorare sul **titolo**, che è il motivo per cui si va a cliccare e a leggere un articolo.

Perciò, ricordatevi che la **parte superiore del testo** è sicuramente la sezione da tenere più in considerazione nel momento in cui ci si trova nel contesto difficoltoso e frenetico della scrittura online.

Interattività

Abbiamo detto che una delle caratteristiche peculiari della lettura online è **l'interattività**.

> *Gli utenti possono decidere il percorso, il **labirinto** da seguire, che è diverso per ognuno di loro.*

Oltre a questo, dobbiamo tenere in considerazione che ci sono altri contenuti multimediali che di norma affiancano il nostro articolo.

Ci sono anche musica, fotografie, video, link interni e link esterni al nostro articolo e i contenuti correlati.

La **distrazione** può essere considerata all'ordine del giorno.

Brevità

La scrittura online dev'essere **sintetica** e **pragmatica**.

"Pragmatica" nel senso che, senza troppi giri di parole, si dovrebbero andare a collocare nella parte superiore dell'articolo o del post, e ancora meglio nel titolo, quelle che sono **le informazioni più succose** che potrebbero in una certa misura andare a soddisfare l'esigenza del lettore (vedremo più avanti come questa sia la strategia più utilizzata online, ma di certo non l'unica).

Riassumendo

Per ricapitolare, le sfide della scrittura online sono:

- La soglia di attenzione
- La gratificazione immediata
- Il fattore schermo, dunque la difficoltà di leggere online su tablet, pc e smartphone.
- Il fatto che non esistano più veri lettori, ma *cannibali* che cercano di soddisfare la loro fame di informazioni in maniera assolutamente immediata.
- Ci sono poi la sfida dell'interattività e quella di scrivere per i motori di ricerca.

3

SEO Copywriting

Come funziona un motore di ricerca

Come funziona un **motore di ricerca** e perché è importante saper scrivere tenendo a mente il suo funzionamento?

Forse non tutti sanno che un motore di ricerca è un **software** che va a **indicizzare** a seconda della **pertinenza** tutto il testo che è presente in rete.

Quello più famoso e che tutti utilizziamo quotidianamente è sicuramente **Google**, ma ne esistono anche altri come, ad esempio, Bing di Microsoft o DuckDuckGo (il motore di ricerca che ha a cuore la vostra privacy, ve lo consiglio caldamente come alternativa a Google).

Ragnetti virtuali

I motori di ricerca inviano quotidianamente dei *crawler* o degli *spider*, dei ragnetti virtuali, a **scansionare** e **leggere** tutte le pagine del web (che in inglese significa appunto "ragnatela").

Questi spider vanno a riportare alla sede centrale di Google tutte le informazioni, cercando di capire di cosa tratti il testo: è un articolo sulla frutta biologica piuttosto che un articolo su un nuovo profumo?

Gli spider viaggiano in continuazione, giorno dopo giorno, **scansionando, leggendo e riportando informazioni**.

> *Questo giustifica il fatto che se pubblicate un articolo saranno necessarie alcune ore prima che appaia sui motori di ricerca: diciamo che gli spider sono come Babbo Natale ... Visitano tutti, ma ci vuole almeno una notte!*

Nel momento in cui tutte le **informazioni** vengono raccolte all'interno del database, esse vengono **classificate**, per cui si parla di *ranking* o classifica dei testi online sulla base di alcune **chiavi di ricerca**.

Soluzioni pertinenti

Il ragionamento che sta alla base del motore di ricerca è il seguente: quando l'utente cerca X io mostrerò tutte le **soluzioni pertinenti** ad X in una **classifica crescente** dal più idoneo al meno idoneo.

Ovviamente il principio che sta alla base del motore di ricerca è quello di *pertinenza*.

Capiamo un attimo cos'è la **pertinenza**: "pertinenza" significa banalmente **la risposta migliore per la *query*, per la domanda che fa l'utente**.

Se l'utente fa una domanda, il motore di ricerca, a seconda del ranking e dell'importanza e del punteggio che viene dato ad esempio al tuo articolo, ti mostrerà in prima posizione, seconda posizione o quinta posizione.

Un contesto competitivo

Ci troviamo in un **contesto di tipo competitivo**, perché se pubblico sul mio blog un articolo sulle migliori app per viaggiare, ci saranno centinaia di altri autori che hanno già scritto un articolo di questo tipo.

Per cui, come possiamo noi cercare di scalare questo ranking e apparire con questo articolo nelle prime posizioni?

Diciamo subito che **non c'è la bacchetta magica** (e che i trucchetti che trovate online lasciano il tempo che trovano), ma posso dirvi di andare innanzitutto a **strutturare il testo tramite delle tag html, delle "etichette"**, che dovreste conoscere se scrivete testi online.

Ottimizzare l'html

Nel codice **html**, che è il linguaggio che sta alla base della comunicazione online, abbiamo le tag *h*, che sta per *heading*, che vanno da *h1* a *h6*.

L'elemento contraddistinto con h1 è sostanzialmente **il titolo principale** e questo il motore di ricerca lo capisce e lo prende come riferimento.

Le tag sono sostanzialmente dei suggerimenti che noi diamo ai motori di ricerca. L'*h2* sarà il sottotitolo, poi abbiamo la tag *p* che sta per *paragraph*, usata appunto per i paragrafi.

Ma come si elabora un articolo a livello tecnico di *html*?

*Un **articolo standard** prevede un unico* h1, *cioè un titolo principale, un* h2 *con il valore di sottotitolo e, a seconda della lunghezza del testo, alcuni* h3 *che possono andare a titolare i vari paragrafi (i quali sono contrassegnati dalla tag p).*

15

Tutto questo serve al motore di ricerca per comprendere la **struttura** dell'articolo, per cercare di indicizzarlo al meglio e capire quella che è l'impalcatura interna del vostro testo.

Banalmente, a livello generale è più importante il titolo del sottotitolo. Proprio per questo anche visivamente un h1 sarà scritto in caratteri più grandi rispetto un h2 o un h3.

> *Dovete iniziare a pensare ai vostri contenuti in ordine gerarchico, proprio perché è così che ragiona Google.*

Inoltre, le **parole in grassetto** sono indicatore di importanza per gli spider.

Dunque è ok lavorare anzitutto sulla qualità del vostro titolo, sulla qualità testuale, sintattica, grammaticale e lessicale, ma **ricordatevi di andare sempre a contrassegnare gli elementi con queste etichette**, che permetteranno al motore di ricerca di leggere in maniera più fluida i contenuti e di **indicizzare** al meglio quello che è il vostro lavoro.

Riassumendo

> *Dovete imparare a strutturare il testo a livello di html (hyper text markup language, ossia linguaggio di marcatura per ipertesti), che detto in soldoni è un insieme di tag, di etichette che vanno a circondare i vari elementi per andare a spiegare o al motore di ricerca o al browser quelli che sono la struttura e il contenuto del*

vostro articolo.

La difficoltà è duplice: c'è la questione della qualità del testo, ma c'è anche quella dell'andarlo a suddividere in varie sezioni in maniera strutturata e intelligente.

4

Le parole chiave

Short head e long tail

Quando parliamo di parole chiave da inserire in un articolo per il web dobbiamo fare subito una distinzione di tipo tecnico.

Esistono due tipologie principali di parole chiave: le *short head* e le *long tail*.

Qual è la differenza?

Ipotizziamo di scrivere un **articolo sulle vacanze di Natale a New York** in cui dovremo inserire delle parole chiave per permettere al motore di ricerca di fare il suo lavoro.

Scriviamo il nostro titolo affascinante e coinvolgente, magari con una domanda, come *"Conosci le migliori 10 mete di quest'anno? Scopri New York"* oppure *"Scoprire New York sotto la neve. Un'offerta da non perdere"*.

Nel *body copy* (parte sostanziale dell'articolo) andremo ad inserire in **maniera naturale** alcune parole chiave come ad esempio: 'vacanze di Natale a New York', 'vacanze a New York', 'Natale a New York'.

Le short head sono delle parole chiave piuttosto brevi. Attenzione però, la parola chiave non è rappresentata dalla singola parola bensì dal singolo concetto.

Ad esempio, "vacanza a New York" è una parola chiave unica ed è una parola chiave *short head*.

Però, essendo una parola chiave molto breve e poco specifica, la **concorrenza** che avremo con altri siti web che utilizzano la stessa parola chiave sarà **altissima**.

Per questo spesso si utilizza la famosa tecnica delle parole chiave *long tail*, che sono concetti molto più ampi e lunghi che garantiscono una minore concorrenza.

Ad esempio, se io inserisco *"vacanze di Natale a New York con visita a Empire State Building"*, questa è una parola chiave a coda lunga. Rappresenta un concetto più raffinato, una ricerca dell'utente altamente specifica (non solo desidera trascorrere il Natale a New York ma ha anche l'urgenza di visitare il famoso grattacielo).

Ma entriamo più nel dettaglio.

Abbiamo visto una parola chiave breve e una molto più lunga e abbiamo detto che nel primo esempio il numero di concorrenti online che parleranno dello stesso soggetto sarà molto più ampio, di conseguenza **sarà molto difficile andare a posizionarsi bene con quella parola chiave**.

Invece, se si utilizza la parola chiave più lunga sicuramente saranno molti meno i siti web che citano e utilizzano questa parola chiave, per cui sarà **molto più facile posizionarsi nel ranking di ricerca nelle prime pagine di Google**.

Infatti, se si inserisce una *query* più specifica si troveranno meno risultati che inserendone una più generica.

> *La bravura del web copywriter e di coloro che vogliono scrivere per il web è quella di cercare di andare a utilizzare parole chiave a coda lunga e parole chiave più brevi per creare un'armonia che permetta al motore di ricerca di capire quello di cui state parlando.*

Per cui vi consiglio di fare questo: **nel momento in cui voi volete realizzare un articolo fate due cerchi su un foglio di carta, un cerchio "parole chiave più brevi" e un cerchio "parole chiave lunghe"**.

Selezionatene poi **da tre a cinque nel primo e da tre a cinque nel secondo**.

Questo vi permetterà di avere un **focus** e di mettere all'interno del vostro articolo le parole chiave più pertinenti e più intelligenti.

Starete dunque scrivendo un articolo fantastico tenendo però bene a mente tutte le piccole regole di buon utilizzo delle parole chiave che il web richiede.

Keyword stuffing

Un consiglio che sento di darvi è quello di evitare come la peste quello che in gergo tecnico si chiama *keyword stuffing*, vale a dire quella tecnica (obsoleta e penalizzante) che consiste nell'andare a riempire di parole chiave l'articolo solo per scalare nei motori di ricerca.

Lo so, la tentazione è tanta ma fidatevi: rimpizzare l'articolo con decine di parole chiave non è mai una buona idea ed è **controproducente**.

L'utilizzo delle parole chiave dovrebbe essere sensato e pertinente, per cui quando inserite una parola chiave chiedetevi: *ha senso metterla o lo sto facendo solo per i motori di ricerca?*

Se la risposta è la seconda forse non è il caso di inserirla.

Come detto, il keyword stuffing è una tecnica che Google penalizza e che rischia di relegare il vostro articolo (o dominio) nell'oblio di Internet.

5

La scaletta e la fase di pre-writing

Pensare, scrivere e correggere

Quello che vi propongo è un modello tripartito, che prevede una fase di *prewriting*, una di *free writing* e una di *rewriting*. Detto in italiano: **pensare, scrivere e correggere**. Uno schema che potrete sicuramente adattare a quelle che sono le vostre esigenze.

Serve per fare un po' di chiarezza su come elaborare dei testi per il web, ma anche per la carta stampata o la stesura di testi più ampi, come ad esempio racconti e romanzi.

Fase di progettazione dell'articolo

La prima fase delle tre si chiama *prewriting* ed è una fase durante la quale penseremo e progetteremo quello che vogliamo andare scrivere.

Andremo a fare un **brainstorming** e a identificare il **focus** e le **parole chiave** da inserire per poi redigere una **scaletta**.

In questo momento non abbiamo scritto ancora una riga del nostro articolo, ma stiamo semplicemente cercando di lavorare e ragionare per poi avere una vita più facile nelle fasi successive.

> *La scaletta è assolutamente necessaria, perché sancisce la struttura del vostro testo e ne determina la logica interna.*

Uno degli errori più gravi che si fanno quando si scrive è non progettare e saltare questa fase di *prewriting*.

Come elaboro una scaletta?

Il mio metodo (che vi consiglio) consiste nello scegliere l'argomento di cui vogliamo parlare e realizzare un elenco da, indicativamente, 5 voci. Queste 5 voci rappresentano le varie digressioni/declinazioni dell'argomento principale (niente paura, più avanti vedremo come generare idee creative per i nostri articoli).

Solo dopo aver elaborato questi argomenti, vado a scrivere una introduzione ed una conclusione.

La struttura standard è questa:

ARGOMENTO
  Introduzione
  Tema 1
  Tema 2
  Tema 3
  Tema 4
  Tema 5
  Conclusioni

Facciamo un esempio chiarificatore.

*Voglio scrivere **un articolo su Wordpress** e sul perché è intelligente utilizzarlo per realizzare siti web. Nel primo punto andrò a mettere magari un'introduzione a Wordpress, nel secondo punto posso inserire dei casi studio di successo di chi lo ha utilizzato, nel punto tre i vantaggi di utilizzo, nel punto quattro le alternative a Wordpress e nel punto cinque il perché Wordpress sia il migliore di questi sistemi.*

Una volta stilata questa scaletta da cinque, vado ad aggiungere un'**introduzione** e una **conclusione**.

Nella conclusione inserirò sicuramente una ***call to action***, una tipologia di frase (contraddistinta dal modo verbale **imperativo**, vale a dire un comando vero e proprio) che si utilizza moltissimo sui social media e online, come ad esempio *"se ti è piaciuto l'articolo **lascia** un commento"* oppure *"tu cosa ne pensi? **Scrivilo** nei commenti"*.

Ecco la nostra scaletta completa:

- *Introduzione*
- *Cos'è Wordpress*
- *Casi studio*
- *Vantaggi di utilizzo*
- *Alternative a Wordpress*
- *Perché è la scelta migliore*
- *Conclusioni*
- *CTA*

In questa fase di *prewriting* siamo riusciti ad ottenere con facilità lo **scheletro dell'articolo** (che è praticamente già scritto).

Ovviamente ognuno di questi cinque punti, a seconda della complessità del nostro articolo, può essere **esteso**.

6

La prima bozza del testo

Iniziare a scrivere

Una volta selezionate queste 5 (o più, a vostra discrezione) micro-sezioni **possiamo passare alla fase di** *free writing*, che consisterà nel "popolare", riempire questi cinque blocchi ai quali ho praticamente già dato un titolo.

Bene, forse non ve ne siete accorti, ma elaborando lo scheletro dell'articolo in questa maniera non solo avrete una **struttura che garantisce una logica interna**, bensì avrete anche gli **spunti per i titoli delle vostre "sezioni"**.

Certo, una revisione sarà necessaria, ma in questa maniera avete associato **ad ogni sezione un concetto** e vi sarà impossibile andare fuori tema o perdere tempo in lunghe dissertazioni incoerenti con l'argomento da voi scelto.

Scrittura libera

Nella fase di **scrittura libera** potete redigere il testo senza preoccuparvi troppo di grammatica o sintassi. Scrivete, improvvisate, non pensateci: c'è sempre tempo per revisionare.

Sviscerate i temi dei blocchi, e fate in modo che tutti e 5 abbiano una **lunghezza tra loro coerente**. In questa fase potete passare da un blocco all'altro: appena vi viene un'idea inseritela.

Strutture testuali più avanzate prevedono **ulteriori sotto-blocchi da riempire**. Vi consiglio di iniziare con la struttura base per poi avere, quando sarete più esperti, la capacità di aggiungere ulteriori sotto-temi allo scheletro del testo.

Introduzione

Tema 1
   Tema 1a
   Tema 1b

Tema 2
   Tema 2a
   Tema 2b

E così via.

Revisione

Quando avrete un testo abbastanza presentabile e corposo entra in gioco tutta la parte di **revisione** (detta *rewriting*), ossia di riscrittura.

> *Ricordate: la qualità della progettualità che voi mettete in atto nella fase di prewriting va a determinare tutto quello che viene dopo.*

Un errore fatale

Qual è l'errore più devastante che potresti commettere?

Andare a **cambiare la scaletta**: nel momento in cui abbiamo uno scheletro che funziona dovremmo seguirlo al 100%, evitando di cambiarlo in corsa.

Questo è il motivo per cui molta gente inizia i romanzi e non li porta a termine: perché cambia la scaletta.

> *La struttura che vi propongo è un'autostrada senza semafori: nel momento in cui avete la macchina ben settata, la benzina dentro e la struttura forte e potente, potete premere l'acceleratore e andare dritti.*

Prima andando a riempire questi blocchi su un argomento che avete deciso e poi andando a fare una correzione della bozza, aggiungendo una introduzione ed una conclusione e perfezionando il titolo.

Quando seguiamo queste tre fasi dobbiamo ricordarci di inserire nelle prime righe introduttive i concetti più importanti.

Avendo una struttura chiara fin dall'inizio potete idealmente andare avanti all'infinito senza mai correre il rischio di andare **fuori tema**.

7

La fase di riscrittura

Al termine del processo dello scrivere c'è la fase di **revisione**, detta *rewriting*.

È il momento cruciale in cui **ripenseremo al nostro lettore** e ricontrolleremo quanto scritto, raffinando il tutto e preparandolo alla **pubblicazione**.

Cervello bollito

Non fidatevi mai di quanto leggete: il vostro cervello è **bollito** (ci avete lavorato diverse ore, o sbaglio?) e rischia di farvi brutti scherzi. C'è un modo di dire inglese che rende molto bene questa idea di "miopia" dello scrittore: *"too close to see"*.

Come risolvere questa miopia?

Se potete è sempre meglio far leggere il testo **ad alta voce ad un'altra persona**. Solo così sarete in grado di capire se il testo funziona oppure no.

Io personalmente faccio una cosa un po' bizzarra: copio il testo da Word e lo incollo su un sito che legge automaticamente i testi online (come questo: https://ttsreader.com/). Mi metto sul divano e inizio ad ascoltare attentamente la voce sintetica, alla ricerca di errori di battitura o concettuali.

Se proprio non avete la possibilità di far leggere a qualcuno in anteprima il vostro articolo vi consiglio di riposare gli occhi per almeno 12 ore. Questa pausa vi permetterà di "staccarvi" dal vostro testo e di giudicarlo in maniera più obiettiva.

Fine tuning

Si va poi a realizzare il *fine tuning*, cercando di togliere le ripetizioni e perfezionare il lessico, sempre tenendo in considerazione il pubblico di riferimento e le modalità di fruizione.

Controllate i paragrafi, i modi di dire, le frasi, le parole, i sostantivi, i verbi, gli aggettivi... Rivedete soprattutto l'incipit e la fine, perché sono le parti del testo che normalmente vengono ricordate di più.

Darsi dei limiti

Può essere utile **darsi un tempo limite** per ognuna di queste **fasi** di ideazione e stesura.

La fase di *rewriting* non può durare settimane. Ad esempio, io normalmente dedico una mezz'oretta per la fase creativa e di scaletta, un'oretta per quanto riguarda il free writing e poi almeno mezz'oretta per la fase di revisione.

> *Questi sono i tempi medi di uno scrittore di esperienza: all'inizio è assolutamente normale dedicare molto più tempo alle tre fasi!*

Per concludere, ricordate che bisogna sempre tenere a mente tutti gli aspetti legati alla *Search Engine Optimization*, l'ottimizzazione degli articoli per i motori di ricerca, in modo da poter rendere i vostri articoli più accessibili e più visibili online.

8

L'obiettivo dichiarato del tuo articolo

Ogni articolo ha degli **obiettivi** diversi, per cui si deve sempre tenere in considerazione qual è lo scopo di un testo.

Chiedetevi sempre: *perché sto scrivendo questo articolo?*

Informare, educare, divertire

Amo riprendere questo adagio dalle prime trasmissioni RAI, dove ognuno dei tre canali aveva uno **scopo e un pubblico differente**. Ricorda che il tuo articolo dovrà sempre (e dico sempre) avere **almeno uno di questi tre scopi**.

Se ti accorgi che non risponde ad almeno uno di questi tre obiettivi probabilmente ti trovi di fronte ad un elaborato che non interesserà nessuno o, ancora peggio, un articolo di **natura** squisitamente **pubblicitaria**.

Orizzonti d'attese

Anche la **struttura**, oltre al **contenuto**, comunica qualcosa al vostro lettore.

La struttura del testo ha una sorta di **retorica intrinseca che anticipa al lettore quale sia il nostro reale intento**.

Bisogna sempre **garantire una logica interna** in ciò che si scrive: lo potete fare mettendo mano alla struttura vera e propria e facendo molta attenzione alla **posizione** in cui collocate l'argomento principale.

Andando a scansionare la **struttura di un testo** si va a creare infatti un *orizzonte di attese*.

Per spiegare meglio questo concetto possiamo fare l'esempio del **cinema**: se vediamo un *trailer* con sirene spiegate, inseguimenti e elicotteri capiremo sin dai primi secondi che non si tratta di un film western, bensì di un film d'azione.

Così anche **la struttura del vostro testo andrà a comunicare la tipologia di articolo**, prefigurando un genere di riferimento al vostro lettore.

Format giornalistico

Sappiamo che, ad esempio, **il classico articolo di giornale** va a rispondere immediatamente nel primo paragrafo a quelle che sono **le cinque più una W del giornalismo**: *chi, cosa, quando, dove, perché e in che modo.*

Nel momento in cui il lettore si trova davanti una struttura di questo tipo sa che non sta leggendo un saggio, ma un articolo di giornale che segue un **format** ben preciso.

9

Trovare l'ispirazione con l'analisi SWOT

Alla ricerca di spunti

Passiamo ora ad un argomento molto interessante: **come trovare idee per i vostri articoli**.

Chiaramente esistono molteplici metodologie per trovare idee: noi ne vedremo alcune che sicuramente possono darvi una mano per ottenere quello spunto, quel lancio creativo da cui partire (che nella mia esperienza mi sono accorto essere un vero e proprio tallone di Achille degli scrittori alle prime armi).

L'editore ci assegna un tema: come svilupparlo?

La prima tecnica che vi propongo si chiama *analisi SWOT*.

L'analisi SWOT è una **matrice**: per realizzarla vi consiglio di prendere un foglio di carta e di dividerlo in quattro parti.

Quindi scrivete S per *strengths*, ossia **punti di forza**, W per *weaknesses*, **punti di debolezza**, O per *opportunities* (**opportunità**) e T per *threats*, ossia **minacce**.

Otterrete così quattro quadranti dove scrivere punti di forza, punti di debolezza, opportunità e minacce.

Di cosa?

Dell'argomento che volete trattare.

Potete iniziare a buttare giù delle idee riguardo, ad esempio, a un evento o un prodotto ed andare a elaborare i punti di forza, le debolezze, le opportunità che esso può portare e le minacce esterne (ad esempio del mercato, o ambientali).

Non dovete per forza utilizzarle tutte, questo processo serve soltanto in fase creativa per cercare di ottenere una sorta di **focus sull'argomento e trovare idee**.

L'analisi SWOT nasce fondamentalmente per l'utilizzo sul prodotto, ma può essere applicata a qualsiasi cosa e può essere già un inizio, un primo spunto per **iniziare a stilare una lista di argomenti da trattare nel**

vostro articolo.

10

Brainstorming: la "tempesta cerebrale"

Metodologie creative

C'è un'altra **tecnica molto interessante** che ho fatto fare in aula ai miei studenti per molti anni ottenendo sempre degli ottimi risultati. Si tratta di una metodologia molto divertente.

Sto parlando del *brainstorming*, vale a dire della **"tempesta cerebrale"**, un metodo creativo che ho preso in prestito dalla mia lunga esperienza in agenzie pubblicitarie ma che si può applicare anche a contesti di tipo creativo in ambito di copywriting e di scrittura.

Come facevo brainstorming in aula?

Normalmente lavoravo con classi di una decina di studenti e decidevo il tema dell'articolo. Molto pomposamente affermavo:

> *"oggi il nostro editore ci ha chiesto di scrivere un articolo sul noto cantante Vasco Rossi. Mettiamoci all'opera!"*

Gli studenti si trovavano tutti attorno ad un grande tavolo, posizionati a ferro di cavallo.

Per prima cosa mi prodigavo a **scrivere** al centro della lavagna la parola "Vasco Rossi" e la **cerchiavo** con il pennarello rosso.

Partendo dal primo studente, a turno, ogni ragazzo doveva **dire una parola che gli veniva in mente** immaginando Vasco Rossi. Senza pensarci troppo, perché avevano solo **cinque secondi** prima di perdere il turno e passarlo allo studente successivo.

Un primo livello di coscienza

Facevamo **due giri** così, e le parole che freneticamente scrivevo sulla lavagna (in posizionamenti randomici) rappresentavano un **primo livello di coscienza**.

Alba Chiara, musica, concerti, disco … tutti concetti piuttosto **scontati**, ma comunque **funzionali** al nostro obiettivo: **trovare idee**.

Dal terzo giro in poi, però, il focus si perdeva, le persone non avevano più niente da dire su Vasco Rossi. Normale, no?

E qui arriva il bello. Consigliavo di iniziare a fare riferimento non più a Vasco Rossi, bensì alla **parola che aveva detto l'allievo precedente**. Sempre in maniera sciolta e libera.

Un livello più profondo di coscienza

Il **focus** non era più su Vasco bensì sulla **parola che aveva suggerito l'allievo precedente**: chitarra, melodia, musica, divertimento, stare in compagnia, bere un drink, cocktail, spiaggia, mare e così via.

La lavagna si popolava così, minuto dopo minuto, di un ricco insieme che prevedeva **dalle 50 alle 100 parole:** in potenza un ventaglio infinito di temi da elaborare.

Avevamo fatto un *brainstorming* **metà legato a Vasco Rossi** e **metà a briglia sciolta**.

Trovare un senso

La cosa che mi piaceva tantissimo fare, la parte più divertente e surreale, era andare alla lavagna a **selezionare cinque parole** ad **occhi chiusi** (*cinque: ti dice niente questo numero?*).

 Si riusciva sempre a trovare un senso nel marasma, ciò a dimostrare quanto il cervello sia portato a trovare un significato anche dove un significato non c'è.

Magari le parole chiave che andavo a cerchiare erano *concerto, droga, stare in compagnia, lavoro e solitudine*.

Con queste parole chiave suggerivo agli studenti di scrivere un articolo

> *"sulla **solitudine** di Vasco Rossi, in un periodo in cui magari era stato particolarmente **solitario**, in cui le cose non andavano bene perché non faceva **concerti** (era dunque senza **lavoro**) ed era conseguentemente ricaduto nella **droga**, per poi uscirne grazie alla **compagnia** dei suoi amici di sempre".*

Vi consiglio caldamente questo esercizio perché funziona in maniera eccellente **anche se siete da soli.**

Fate un paio di giri, scrivete una ventina di parole legate all'argomento principale e poi altri due o tre giri cercando di fare un **flusso di coscienza** (non focalizzandovi più sulla parola al centro, bensì sull'ultima parola che avete scritto).

Nel momento in cui avrete questo *word cloud*, questa nuvola di parole chiave e di argomenti, non vi resterà altro che **unire i puntini** per trovare subito ottime idee per la stesura di un articolo.

In questo esercizio ho notato che la cosa più difficile è lasciarsi andare, entrare in una connessione che sia **fluida**.

Nel momento in cui non vi vergognerete (se siete in gruppo) di dire parole senza senso scoprirete come **gli articoli più belli nascono proprio da queste connessioni atipiche**.

Se siete da soli non temete il vostro stesso giudizio, con questo metodo potrete realmente iniziare a generare **idee incredibili per i vostri testi**.

11

Mappe mentali

Un altro buon esempio di **processo creativo** per trovare (e mettere in scaletta) argomenti da snocciolorare nei nostri articoli sono le **mappe mentali,** note anche in inglese come *mind map*.

Come realizzare una mappa mentale

Per realizzare una mappa mentale avrai bisogno di **un foglio di carta** e alcuni **pennarelli.**

Inizia, come sempre, scrivendo **l'argomento chiave** di cui vuoi parlare al **centro** del foglio.

Da questo nucleo disegnerai **cinque diramazioni**, che rappresenteranno i cinque potenziali argomenti di cui vuoi parlare nell'articolo.

Questi cinque argomenti possono a loro volta avere delle **diramazioni secondarie** che li riguardano (come abbiamo visto in precedenza).

Per comodità tendo a **mantenere in pari** le diramazioni: se ho due sotto argomenti per la diramazione uno, cercherò di averne due anche per le altre.

Cosa rappresentano queste diramazioni?

È molto semplice, saranno gli **argomenti** (diramazione primaria) e i **sotto-argomenti** (diramazione secondaria) del nostro articolo.

In questa maniera avremo creato in maniera creativa una **scaletta** partendo da una **mind map**.

12

La struttura BLOT

Nelle pagine a seguire impareremo come **strutturare in maniera coerente ed efficace** i nostri articoli.

Dopo aver imparato come trovare **l'ispirazione**, come determinare **l'obiettivo** e le **tre fasi del processo dello scrivere**, è giunto il momento di mettere mano all'**impalcatura generale**.

Teniamo conto che, per semplicità, ragioneremo sul **posizionamento** delle **informazioni principali**. Quando posizionarle subito? Quando alla fine? Quando in mezzo?

Le strutture proposte rappresentano chiaramente solo un **punto di inizio** a hanno valenza generale, ma sono sicuro che scoprirete informazioni molto utili che vi faranno vedere la professione dello scrivere con occhi diversi.

Informare con la "piramide rovesciata"

La struttura più utilizzata online è la struttura **BLOT**, *bottom line on top*.

Nella parte iniziale vengono posizionate le informazioni principali: titolo, sottotitolo, sommario, chi, cosa, come, quando, dove, perché.

Pensateci: già ad un **primo sguardo** il lettore avrà raccolto una miriade di informazioni.

A seguire, in ordine di rilevanza, inseriremo le informazioni addizionali: primo paragrafo, didascalie, riassunti ed altre informazioni.

Affidandoci a questa struttura l'utente sarà in grado di **capire sin dalle prime righe** il senso dell'intero articolo.

Vero è che alcuni lettori **leggono solamente il titolo**, spesso realizzato in modo che le persone vi clicchino sopra: parliamo qui del famoso *clickbaiting* (in inglese *bait* significa esca).

Quando realizzate i titoli **evitate** queste tecniche perché alla fine si rivelano controproducenti oltre che ingiuste.

Cercate piuttosto di far *immaginare*, di entrare in empatia e di mettere nelle prime righe tutte le informazioni che stanno a cure all'utente utilizzando anche dei **trigger emozionali** che possano affascinare e far procedere nella lettura (ad esempio io nel primo paragrafo spesso utilizzo *"immagina che"* per agevolare il lettore all'ingresso di un contesto immaginifico).

Un ultimo appunto:

Piuttosto di aggiungere, andate sempre a togliere qualcosa.

Il vostro testo è terminato non nel momento in cui avete aggiunto tutto quello che si poteva aggiungere, bensì nel momento in cui **avete tolto tutto quello che si poteva togliere**.

13

La struttura BLOB

Quando scrivete un articolo potete fare uso di **tre tipi di strutture standard**.

Siete liberi di andare a modificare queste **impalcature**, ma conoscerle vi permetterà di capire come funzionano i massimi sistemi della scrittura.

Struttura a piramide regolare

Una struttura particolarmente apprezzata è quella a **piramide regolare**, indicata come **BLOB** (*bottom line on bottom*). È una struttura in cui la conclusione e tutte le informazioni principali sono posizionate nella **parte finale** dell'articolo.

Se l'obiettivo è **convincere** qualcuno della bontà delle nostre idee, dovremo elaborare un testo di carattere **argomentativo** e dunque andare a:

- introdurre la questione
- sviluppare quelli che sono i dettagli
- giungere ad una conclusione

Un testo di questo tipo avrà una struttura **BLOB**: lo schema ideale per promuovere, motivare, vendere e convincere.

In questa struttura a *piramide diritta* posizioneremo le conclusioni (dunque il succo, il focus) nella parte finale dell'articolo.

14

La struttura BLIM

Abbiamo poi la struttura **BLIM**, *bottom line in the middle*, nella quale il messaggio principale è posizionato nella **parte centrale**.

Un testo con una struttura di questo tipo presenta la "conclusione" nel mezzo, ed è lo schema ideale per **dare cattive notizie** o quando sappiamo che **il messaggio è poco gradito** al nostro lettore.

La struttura "a panino"

Viene definita anche **"struttura a panino"** e si utilizza moltissimo anche nelle newsletter e nelle comunicazioni via e-mail.

Come strutturare un testo sulla base della struttura **BLIM**?

Un inizio gentile e garbato, la notizia vera e propria e un finale riconciliante.

Gli anglosassoni parlano della struttura delle tre K: kiss, kick e kiss (bacio, calcio, bacio).

Un esempio molto comune può essere quello di quando ci si candida per una posizione ed il colloquio non va bene: spesso la struttura della e-mail che si riceve è proprio questa.

15

Il tono di voce

Capitolo a parte è dedicato alla ricerca del giusto **tono di voce**, il *tone of voice,* che rappresenta il **modo in cui vi approcciate linguisticamente al vostro pubblico**, ad esempio nel vostro blog.

Come esseri umani possiamo infatti "suonare" un gran numero di *tastiere linguistiche* proprio perché siamo in grado di comunicare attraverso diversi *registri*: da quello **informale** che utilizziamo il sabato sera con gli amici, fino a quello **formale** che possiamo decidere di utilizzare al colloquio di lavoro (e tutte le sfumature che intercorrono tra un estremo e l'altro).

Il lessico e le strutture sintattiche che utilizziamo cambiano a seconda del nostro lettore.

Dovreste dunque chiedervi: *"quale registro dovrei utilizzare per parlare la stessa lingua del mio pubblico?"*

Il lettore di riferimento

Se rappresento uno studio di avvocati e questo studio ha un blog, ad esempio, eviterei di *dare del tu* ai lettori e mi spingerei ad utilizzare un lessico piuttosto tecnico in quanto il **lettore di riferimento** potrebbe essere identificato in altri avvocati in cerca di utili informazioni (e a conoscenza del gergo tecnico, della *lingua che parlo*).

Se invece gestisco un blog che parla di viaggi potrei utilizzare un *tone of voice* più informale e diretto, in previsione di un pubblico più vasto e eterogeneo.

> *La verità e il giudizio stanno nel mezzo: sta a voi capire come utilizzare la sintassi e il lessico a seconda dei casi, per comunicare al meglio con il vostro pubblico, parlare la loro lingua.*

Aberrazioni comunicative

Se non azzeccate il tono avviene quella che in gergo si chiama **"aberrazione comunicativa"**.

Facciamo un esempio estremo.

Siete nella stanza d'attesa per partecipare ad un colloquio di selezione. Vi siete preparati a rispondere in modo formale, tecnico. Non avete intenzione di fare brutta figura. Avete studiato la storia e i clienti dell'azienda e tutto il vostro corpo e la vostra comunicazione vanno in quella direzione: trasudate serietà.

Immaginate di indossare giacca e cravatta e di essere pronti, sulla base delle vostre esperienze pregresse, alla formalità che questa situazione normalmente richiede.

Ed ecco che giunge il selezionatore, in t-shirt e pantaloni corti, che si presenta a voi in modo infantile, mettendo da subito i piedi sulla scrivania e ponendosi in modo fin troppo amichevole e diretto con voi.

Riuscite ad immaginare la situazione? Ecco, siete di fronte ad un'**aberrazione comunicativa**.

Le aberrazioni comunicative possono avvenire nella vita quotidiana come nella scrittura. Quando vi accorgete che non c'è rispecchiamento, che manca qualcosa o che, semplicemente, c'è qualcosa che non va siete probabilmente di fronte ad un fenomeno di questo tipo.

Le persone si aspettano che voi utilizziate un **determinato linguaggio** che non deve essere mai fuori contesto (chiaramente nell'esempio precedente quello fuori contesto era il selezionatore!).

Dunque, chiedetevi: *"quale sarà il mio modo di comunicare?"*

Per determinare il tono di voce dobbiamo conoscere i gusti, gli usi e i costumi del nostro pubblico di riferimento.

Il nostro stile nasce, cresce e si sviluppa a seconda di quello che è il percorso che ognuno di noi fa online.

Ma avere le idee chiare è importante, soprattutto quando si parla di piani di comunicazione online di tipo professionale.

16

Il dono della sintesi

È molto difficile essere **sintetici,** e tutti coloro che amano scrivere sicuramente mi daranno ragione.

C'è una bellissima citazione di Mark Twain che rende perfettamente l'idea:

> *"Volevo scriverti una breve lettera, ma non ho avuto il tempo e quindi te ne scrivo una lunga".*

Per un copywriter **è molto più semplice scrivere un testo lungo,** piuttosto che mantenere solo l'essenziale.

Paura del vuoto

Siamo vittime del cosiddetto *horror vacui*, la paura di un vuoto che tendiamo a riempire di parole, paragrafi e capitoli.

Il buon scrittore toglie, screma, butta via fino a che non rimane il nocciolo.

Anche Hemingway affermava:

> *"Io devo lasciare su solo la punta dell'iceberg, tutto il resto si può eliminare. Se riesco a lasciare su la punta dell'iceberg significa che lì sono condensati tutti i miei concetti".*

Unità di misura

Uno dei consigli più importanti che posso darvi al riguardo è quello di *fare a pezzi* il testo e **utilizzare i paragrafi come unità di misura**.

> *Quattro cinque righe ogni paragrafo e poi un bell' "a capo", un salto di riga e un altro paragrafo.*

Un altro consiglio decisamente utile è **andare a titolare i paragrafi** (intesi come insieme di concetti uniformi). Quando qualcuno va a *scansionare* il vostro articolo può subito capire in che posizione evolutiva del vostro testo si trova e può anche decidere di leggere solo il paragrafo che gli interessa.

Decisamente consigliato è l'utilizzo di **elenchi puntati e numerati**, in quanto garantiscono una più semplice e fluida comprensione del testo.

17

Elenchi puntati e numerati

Destare l'attenzione visiva

Un **punto elenco** desta molta attenzione all'interno del flusso di parole (e quello **numerato** ancora di più).

Chiedetevi sempre *"qui posso inserire un elenco?"*.

Se la risposta è affermativa, inseritelo, sempre.

Dà respiro al lettore ed è un ottimo **aggancio** di tipo visuale.

Il potere delle classifiche

A proposito: ti sei mai chiesto perché quando ti capitano sotto mano i classici articoli *"Le 10 cose che"* lo leggi così golosamente?

Semplice: perché **sai che c'è una fine** e vuoi vedere quale sia il numero 1, di norma la posizione più importante.

> *Non per niente le trasmissioni sportive che mostrano i gol della giornata tengono per ultime le sintesi di Juventus, Inter e delle squadre più seguite. Per tenere i telespettatori incollati allo schermo.*

> *Questo sistema funziona anche per le classifiche musicali: ai tempi di MTV esisteva la "top ten" e ricordo che dovevamo sorbirci tutta la trasmissione per scoprire il vincitore di quella settimana.*

In questo genere di articoli i numeri sono in ordine cronologico inverso: si parte dalla posizione numero 10 per arrivare fino alla prima.

Quella della "classifica" è una strategia che funziona sempre molto bene.

18

Punteggiatura e formattazione

Un consiglio sempre valido è quello di andare ad utilizzare un **vocabolario di base**.

Non complicatevi la vita con il lessico, utilizzate sempre le frasi in forma attiva, evitate quelle passive, evitate gli avverbi, gli incisi, le metafore e tutto quello che inserireste in un testo per la carta stampata con lo scopo di *"allungare il brodo"*.

Ovviamente dipende da quello che state scrivendo, ma in generale se si vuole rendere più chiaro e leggibile al maggior numero di persone il proprio articolo non è il caso di fare i D'Annunzio o i Petrarca della situazione.

Usate paragrafi brevi, frasi brevi, parole brevi, sempre.

Sostituire la virgola con un punto

Chiedetevi sempre: *"questa virgola può essere sostituita da un punto"*?

Perché se non può essere sostituita da un punto quella virgola ha senso di esistere, se invece si può sostituire con un punto quella virgola non dovrebbe essere lì.

Questo permette di avere un testo più **rapido** e **serrato** e soprattutto di avere delle **pause** che abbiano un senso.

Diciamo la verità: tutti odiamo i paragrafi lunghissimi, pieni di subordinate.

Ancore visive

Abbiamo già accennato alle **ancore visive**, ossia quegli elementi grafici che permettono all'utente di comprendere **visivamente** il nostro articolo e di **agganciare** il nostro testo.

Normalmente il **grassetto** è l'ancora visiva più importante.

Potete evidenziare in grassetto i **concetti chiave** o anche la prima frase del paragrafo in modo da indicarli come importanti.

Tenete in considerazione che il grassetto non deve mai superare il 20-30% del vostro articolo, perché altrimenti diventa tutto importante e **nel momento in cui tutto è importante, nulla è più importante**.

Fatene buon uso e cercate di andare ad evidenziare le parole e i concetti più rilevanti, mentre evitate di mettere grassetto su interi paragrafi perché non ha assolutamente senso.

Il **corsivo** invece si utilizza un po' meno online, per titoli di opere letterarie o artistiche, risposte di un'intervista, sotto paragrafi, didascalie, citazioni, oppure per qualche parola straniera che non è ancora entrata nel linguaggio comune.

Formattazione

La **formattazione** (dare una forma, per l'appunto) può fare davvero la differenza tra un articolo che *si fa leggere* e uno che invece viene abbandonato all'istante. Mi capita ancora, ogni tanto, di trovare blog che propongono intere **murate di testo**, senza nemmeno un a capo a pagarlo.

La tentazione di abbandonare è grande e impellente.

Ecco che mettere uno spazio bianco fa **respirare il lettore**, perché è il **segno di interpunzione** più potente di tutti.

*Mettere gli "a capo" moltiplica i **punti di ingresso** e di **attenzione** e mette in risalto ciò che è importante.*

Link ipertestuali

Si deve infine tenere in considerazione anche tutta la parte relativa ai **link**.

Non abbiate paura di *esporvi* linkando risorse esterne oltre che interne, collegando ad esempio le **parole chiave più importanti** ad altri siti che ne ampliano il concetto informativo.

> *Osservate una pagina di Wikipedia per capire come funziona una corretta modalità di "linkaggio" e prendete questo sito come spunto.*

PS: Ricordatevi che è molto importante **ricevere** tanti link al vostro articolo, perché è uno dei fattori determinanti per il *ranking* del vostro sito web.

19

Questioni di stile

Il vostro **stile** è determinato da molteplici elementi che, uniti sotto un'unica *penna*, rendono il vostro modo di scrivere **riconoscibile**.

Conta la vostra esperienza, ma è anche dato dalle **scelte grammaticali**, dalle **parole**, dalle **strutture** e dal **tono** che utilizzate.

Chiedetevi sempre se il vostro stile è corretto e se si sposa bene con i contenuti e con quello che voi andate a proporre. Chiedetevi inoltre se deve rappresentare un'immagine personale oppure un'immagine di tipo aziendale. Chiedetevi se il vostro pubblico parla quella lingua, quel linguaggio, se apprezza quel tono.

Come abbiamo detto in precedenza per definire il tono abbiamo due parametri principali.

C'è la **formalità** corrispondente al tono **professionale** e c'è **l'infor-**

malità che è corrispettiva al tono **personale**.

> *Il tono personale presenta termini brevi, un lessico informale, forme molto contratte, l'uso del "tu" ed è quindi accessibile a tutti.*

> *Quando invece decidiamo di porci con un tono professionale non dobbiamo vergognarci di utilizzare un gergo di tipo settoriale e frasi più lunghe e complesse.*

Il vostro stile e il vostro modo di porvi dipende, come sempre, dal vostro target e dalle persone che andranno a leggervi.

20

Lavorare sui titoli

Che si tratti di un articolo di un blog, di una landing page o di una newsletter, c'è sempre una stringa in grado di attirare lo sguardo del lettore: questa stringa è il **titolo**.

Un titolo deve per sua natura essere **il più efficace possibile: deve attirare lo sguardo e l'attenzione** del lettore in mezzo a quel marasma che è la comunicazione online.

L'obiettivo è catturare l'interesse, per cui una buona *headline*, che significa per l'appunto titolo in inglese, deve essere **incisiva**.

> *Nota bene: un titolo fantastico dev'essere sempre accompagnato da un articolo fantastico.*

Ecco alcuni **consigli** che posso darvi per creare dei titoli che "acchiappino".

Siate "helpful"

Scrivete titoli capaci di **aiutare le persone** che volete raggiungere.

Se già nel titolo siete in grado di **spiegare** che grazie a quell'articolo **risolvete un problema specifico**, molto probabilmente chi ha quel problema sarà invitato a cliccare e leggere.

Puntare alle emozioni

Un'altra buona strategia è quella di **puntare sulle emozioni**.

È vero che le persone cercano **informazioni** sul web, ma è vero anche che hanno bisogno di una fonte autorevole capace di parlare al loro **lato emozionale**.

La vostra *headline* potrebbe trarre grandi vantaggi da questo punto se andate a **mescolare l'informazione con l'emozione**.

Forme interrogative

Un classico trucchetto del copywriter che permette di destare l'attenzione è utilizzare la **forma interrogativa**.

Se inserite una **domanda** nel titolo avete delle chances in più che quell'*headline* e di conseguenza quell'articolo vengano fruiti.

Cose da fare e non fare

Potete anche utilizzare la **regola del** *"do and don't"*, suggerendo al lettore cosa fare e cosa non fare (per risolvere un problema che gli sta a cuore).

> *Un esempio : "Come aumentare il tuo engagement in cinque semplici passi" oppure "Come devastare il tuo engagement in cinque semplici passi".*

Il potere dei numeri

Come abbiamo detto un pilastro della buona scrittura online è quello di organizzare i post in **punti sostanziali**, proponendo ogni genere di lista.

Inserire sin dal titolo dei numeri rafforza la **credibilità** e semplifica, a livello inconscio, le **attese** del nostro lettore. Perché se comunichiamo che i consigli che daremo sono cinque stiamo dando un'informazione in qualche misura limitante, che **rassicura** chi legge quel titolo.

Non si tratta di duecento consigli, ma di cinque. Quindi leggimi, ci impiegherai molto poco tempo.

I numeri possono essere anche più grandi, nel caso in cui il nostro obiettivo comunicativo sia quello di **informare in maniera approfondita** l'utente su un argomento in cui siamo preparati.

Ecco alcuni esempi di titoli che fanno utilizzo dei numeri:

"Quattro strumenti per migliorare la tua capacità di suonare la chitarra"

oppure

"Cinque soluzioni per ottenere buoni risultati come atleta"

o ancora

"Dodici consigli per il ciclista amatore"

e così via.

Ispirare il pubblico

Con il nostro titolo possiamo anche **ispirare** il nostro lettore, posizionandoci come punto di riferimento autorevole in quella determinata nicchia.

Fate in modo che i vostri lettori trovino una guida nei vostri articoli: mostrate il vostro intento anche e soprattutto attraverso i titoli.

> *Cercate sempre di essere chiari, di ispirare e di mostrare chiaramente qual è la vostra mission.*

La leva della paura

C'è poi un'altra strategia **molto potente** (ma che non vi consiglio di utilizzare) per fare in modo che il pubblico si appassioni a voi sin dal titolo: **la tecnica della leva sui timori**.

Tutti abbiamo un forte legame con la **paura** e suscitare questa emozione può rappresentare un gancio molto forte, forse addirittura troppo forte, per il lettore.

Cliccheresti su un titolo come *"Cinque metodi per evitare che i ladri ti entrino in casa"?*

Sarò sincero: io ci cliccherei sopra subito, perché fa leva su una paura abbastanza diffusa.

La leva dell'empatia

Molto meglio cercare di fare leva sull'**empatia** per creare un legame speciale con il lettore sin dal titolo.

> *Entrare in empatia significa* camminare con le scarpe dell'altro, *significa provare le emozioni che prova il tuo interlocutore.*

Se conoscete bene il vostro pubblico, potete utilizzare la vostra capacità di entrare in relazione comunicando questo semplice concetto: *"Hey guarda che io sono come te e ho fatto questi errori".*

Mostrare la strada

Potete portare la vostra esperienza e raccontare i vostri successi già nella vostra *headline: "Come sono riuscito a raggiungere 100.000 play su Spotify in 30 giorni"* è un titolo che desterebbe l'attenzione di un musicista (come me!), oppure *"Sei consigli per trasformare il tuo blog in una macchina per fare soldi"* farebbe strabuzzare gli occhi a qualsiasi blogger in erba.

Quando potete, mostrate la strada a qualcuno che è simile a voi e che vorrebbe replicare quello che è il vostro percorso.

La cosa che mi preme ricordarvi è che dovete **sempre essere autentici**.

Soltanto con l'esperienza e con tantissima lettura, online e offline, sarete davvero in grado di entrare in quel campo dove si gioca seriamente.

Il copywriter viene fondamentalmente pagato per questo: non deve andare per tentativi, ma ha interiorizzato le regole, sa come funzionano, ha sperimentato e di conseguenza può proporre dei testi che possano funzionare.

21

Conclusioni

Quello della scrittura per il web è un argomento che potrebbe essere ampliato all'infinito: il mio obiettivo era quello di darvi le basi e credo che gli argomenti che abbiamo trattato (come strutturare il testo, come trovare idee e come andare a perfezionarlo) possano essere utile a molti di voi.

In bocca al lupo per la tua carriera di copywriter (o comunque anche di semplice amatore della scrittura online) e ci vediamo al prossimo libro.

Ti va di approfondire?

Percorsi di Formazione e Coaching

Se sei interessato ad iniziare un **percorso di formazione** con me visita https://www.emozionare.net. Potrai prenotare una consulenza telefonica gratuita e senza impegno.

I miei Libri

Trovi l'elenco di tutti i miei **libri** su Amazon cercando la parola chiave *'Emanuele M. Barboni Dalla Costa'* o cliccando su questo link.

Video Corsi

Scopri i miei **video corsi** di comunicazione e scrittura creativa e acquistali ad un prezzo speciale https://www.udemy.com/user/emanuelebarboni/.

Audio Corsi

Puoi scaricare le mie **audio lezioni** qui https://mysoundwise.com/publishers/1608591404883p.

Podcast Gratuito

Pubblico settimanalmente le mie **lezioni di comunicazione** e **creatività** su https://anchor.fm/podcastemozionale

Bonus

Segui questi semplici passi per ottenere **gratuitamente** l'accesso al mio **audio-corso esclusivo** "Scrivere per il Web" (valore 49€):

1. **Lascia una recensione su Amazon**
2. **Inviami un'email** all'indirizzo *milanoworkshops@gmail.com* con oggetto "bonus"